EL LIBRO DI
DE ALIMI
CRUDOS DEFINITIVO

100 PLATOS CRUDOS ÚNICOS PARA AÑADIR A TU DIETA

Susana Vega

TABLA DE CONTENIDO

INTRODUCCIÓN

¿Qué es la comida cruda?

La dieta básica de alimentos crudos se enfoca en no cocinar los alimentos a más de 118 grados F. Contiene frutas, verduras, semillas germinadas, granos remojados, frutas secas, miso, queso a base de nueces, granos enrollados, nueces y semillas.

Comer alimentos crudos o vivos no es un concepto nuevo. Los humanos han comido en este estado durante la mayor parte de la historia de nuestra raza. Cocinar alimentos es un paso relativamente nuevo en el viaje del campo al plato. Es interesante que muchos problemas de salud graves, como la obesidad y las enfermedades cardíacas, hayan empeorado desde que los alimentos cocinados procesados se convirtieron en la norma.

¿Por qué alimentos crudos?

La comida cruda es completamente natural. Todo animal que ha existido come su alimento crudo. Sólo el hombre se ha desviado. Las frutas y verduras frescas proporcionan nutrientes esenciales que no se pueden obtener de otras fuentes. La mayoría de estos nutrientes se descomponen de alguna manera durante la cocción. Por lo tanto, una opción lógica es comer más crudo, aumentando significativamente nuestra ingesta de nutrientes y proporcionando así a nuestro cuerpo más energía y de mejor calidad. Parte de nuestra misión con este libro es mostrarle que una dieta de alimentos crudos no es secular, rara o radical. Es solo la decisión de no usar tu estufa en este momento. Al hacer esta elección, mantiene intacta su comida (que ha trabajado duro para traer a la mesa) para que pueda entregar lo que se supone que debe; Nutrientes que aportan energía, mantienen y reparan el organismo y le permiten funcionar al máximo.

DESAYUNO

1. <u>Crema de limón con moras</u>

Hace 4 porciones

INGREDIENTES:
- 1 taza de anacardos remojados en agua durante 8 horas, enjuagados y escurridos
- 1 taza de coco recién picado
- ralladura de 3 limones
- 1 taza de agua
- 4 tazas de moras maduras

INSTRUCCIONES:
a)   Coloque los anacardos, el coco, el jugo de limón, la ralladura de limón y el agua en un procesador de alimentos y mezcle hasta que quede cremoso y suave.

b)   Vierta la cuajada de limón en un recipiente hermético.

c)   Coloque la cuajada tapada en el refrigerador hasta que esté lista para servir.

d)   Vierta el quark en tazones para servir y adorne con las moras.

2. Muesli para el desayuno

Hace: 1 porción

INGREDIENTES:
- 3/4 taza de nueces crudas
- 10 dátiles medianos, remojados y sin hueso
- 1 taza de fruta fresca, preferiblemente mango, bayas o plátanos
- 1 cucharada de coco crudo fresco rallado
- leche de nuez, al gusto

INSTRUCCIONES:
a) Usando un procesador de alimentos, procese las nueces y los dátiles juntos hasta que las nueces estén casi finamente molidas.

b) Mezclar en un bol con fruta fresca y copos de coco.

c) Saborizar con leche de nuez.

3. yogur crudivegano

Hace: 4

INGREDIENTES:
- 1 taza de nueces de macadamia o anacardos, remojadas durante 2 horas
- 1 taza de agua filtrada
- 1 cucharada de jugo de limón

INSTRUCCIONES:
a)Coloca las nueces en la licuadora con la mitad del agua. Licuar durante 20 segundos y agregar el agua restante.

b) Licuar hasta lograr una consistencia cremosa y suave.

c)Transfiera la mezcla a un frasco de vidrio limpio y cubra con una envoltura de plástico sujeta con una banda elástica. Dejar fermentar en un lugar tibio de 16 a 24 horas.

d) Cuanto más tiempo se sienta; más fermentación tendrá lugar.

e)Agregue el jugo de limón, si lo usa, y enfríe en el refrigerador.

4. Chips de bayas crudas

Hace: 6-8

INGREDIENTES:
- 30 onzas de bayas mixtas (fresas, arándanos, frambuesas)
- 2 tazas de nueces crudas o pecanas crudas
- 1/4 taza de avena cruda
- 2 cucharadas de jarabe de arce
- 1/4 cucharadita de cebolla en polvo

INSTRUCCIONES: :
a) En un tazón grande, mezcle las fresas en rodajas y otras bayas lavadas.

b) Prepare la cobertura en un procesador de alimentos, triturando todos los ingredientes hasta que se combinen.

c) En una cacerola de 1,4 litros, agregue la mayor parte de la mezcla de bayas, dejando un par de cucharadas. Distribuya uniformemente.

d) Ahora vierta la mayor parte de la cobertura sobre las bayas, reservando algunas cucharadas.

e) Ahora espolvorea las bayas restantes encima y finalmente el resto de la cobertura.

f) Sirva inmediatamente o refrigere por 1 hora.

5. Gachas De Cúrcuma De Alforfón Sin Cocer

SERVICIOS 1

INGREDIENTES:
- 1/2 taza de sémola de trigo sarraceno cruda
- 1/3 taza de leche de avena, almendras o soya
- 1 plátano, pelado y picado
- 1/3 cucharadita de cúrcuma molida
- 1 pizca de pimienta negra molida

INSTRUCCIONES:

a)Agregue todos sus **INGREDIENTES:** a la jarra de su licuadora o al vaso de la batidora de mano y mezcle como si no hubiera un mañana. Un pequeño procesador de alimentos lo mezclará, pero es posible que no quede tan suave.

b)　Sirva cubierto con todo lo que su corazón desee.

c)La fruta fresca, la granola crujiente, las puntas de cacao y las nueces tostadas son deliciosas.

6. <u>Barra de almendras con semillas de amapola</u>

Hace: 1

INGREDIENTES:
- 3 cucharadas de semillas de amapola, molidas
- 5-7 dátiles, finamente picados
- ⅓ taza y 1 cucharada de leche de almendras
- ¼ cucharadita de canela

INSTRUCCIONES:
a) Mezcla todos los ingredientes y déjalos en la nevera toda la noche.

b) Retire, revuelva y disfrute.

7. <u>Barras de desayuno Zinger</u>

Rinde: 5-6 porciones

INGREDIENTES:
- 10 dátiles Medjool deshuesados
- 1/4 taza de bayas de oro
- 1 taza de avena sin gluten
- ralladura de un limon

INSTRUCCIONES:
a) Coloque la avena en su procesador de alimentos y procese hasta que la avena se rompa en pedazos pequeños.

b) Agregue las bayas de oro, los dátiles y el limón y procese hasta que la mezcla esté pegajosa.

c) Una vez que la mezcla esté pegajosa, dale forma de barras.

d) Refrigere las tapas durante una semana.

¡Siéntase libre de duplicar la cantidad para hacer más barras Zinger!

8. Cereal crudo de mango y fresa

Hace: 1

INGREDIENTES:

Grano
- 1 1/2 taza de mango congelado
- 1 1/2 taza de fresas congeladas
- 1/2 taza de Rawnola sin grano

La leche de plátano
- 2 plátanos maduros
- 1 taza de agua

INSTRUCCIONES:

a)En un procesador de alimentos, combine el mango congelado y las fresas congeladas. Procese en pedazos del tamaño de un guijarro. No trabajes demasiado o tendrás una buena crema.

b) Vierta en un recipiente y coloque en el congelador.

c)Mezcla el plátano y el agua para hacer la leche de plátano. Ajuste a la consistencia deseada con más/menos agua.

d) Saca la granola del congelador, agrega la Rawnola, completa con la leche y ¡disfruta!

9. Rollos de canela cruda

Hace: 3-5

INGREDIENTES:
- 15 dátiles orgánicos, sin hueso
- 4 plátanos orgánicos maduros grandes
- 1/2 cucharadita de canela orgánica
- Opcional: vainilla
- Opcional: especias adicionales

INSTRUCCIONES:
a)Corta los plátanos verticalmente en 3 pedazos.

b) Espolvoree los plátanos con canela y colóquelos en un deshidratador a 115F durante 6-8 horas.

c)Ponga todos los dátiles en una licuadora de alta velocidad con una pizca de canela, vainilla opcional y agua.

d) Una vez que las bananas se puedan manipular sin que se rompan pero no estén completamente secas, córtelas en rodajas y esparza el caramelo por encima.

e)Enrolle el plátano con caramelo alrededor de sí mismo para formar un rollo. Cubra los bollos con más caramelo de dátiles si lo desea. Espolvorea la parte superior con canela.

f)Vuelva a colocar en el deshidratador durante 6 horas hasta que se caliente.

10. Chai de chocolate blanco

Rinde 4 porciones.

INGREDIENTES:

- 3 1/2 tazas de agua tibia
- 1/2 taza de anacardos
- 1/4 taza de polvo de mezquite
- 3 cucharaditas de lúcuma en polvo
- 3 cucharaditas de xilitol o endulzante de tu preferencia
- 2 cucharaditas de manteca de cacao
- 1 cucharadita de polvo de maca
- 1/2 cucharadita de mezcla de especias Chai masala o al gusto

INSTRUCCIONES:

a) Mezcle todo al nivel más alto durante aproximadamente 1 minuto.
b) Servir en tazas calientes.

11. <u>chocolate caliente con leche</u>

Rinde 3 porciones.

INGREDIENTES:

- 2 1/2 tazas de agua tibia
- 1/4 taza de polvo de algarroba
- 1/4 taza de polvo de lúcuma
- 1 barra pequeña de manteca de cacao
- 2 cucharaditas de azúcar de flor de coco
- 2 cucharaditas de anacardos o 2 cucharaditas de mantequilla de nuez

INSTRUCCIONES:

a) Mezcle todo a fuego alto hasta que esté tibio y suave.

b)   Servir en tazas calientes.

12. chocolate caliente con chile

Rinde 4 porciones.

INGREDIENTES:
- 3 tazas de agua tibia
- 1 taza de nueces de la India
- 1/2 taza de miel o endulzante de tu elección
- 1/4 taza de cacao en polvo
- 1 barra pequeña de manteca de cacao o aceite de coco
- 1 pizca de sal
- chile al gusto

INSTRUCCIONES:
a)Mezcle todo a temperatura alta durante aproximadamente 1 minuto y sirva en tazas precalentadas.

ENTRADAS Y APERITIVOS

13. Encurtidos de pepino en rodajas

Hace alrededor de 1 taza

INGREDIENTES:
- 1 taza de pepino, cortado en rodajas de $\frac{1}{4}$ de pulgada
- 1 cucharadita de cebolla en polvo
- 2 cucharadas de jugo de limón

INSTRUCCIONES:
a) Mezcle los ingredientes en un tazón para mezclar. Colocar en una prensa de pepinos a presión.

b) O coloque un plato sobre la mezcla en el tazón y apile platos pesados encima.

c) Dejar a temperatura ambiente durante un día.

d) Esto se mantendrá en la nevera durante varios días.

14. batatas confitadas

4 servidos

INGREDIENTES: :
● 4 ñames o camotes, pelados
● 1 o 2 cucharadas de miel cruda o néctar de agave crudo

INSTRUCCIONES:
a)En un procesador de alimentos equipado con la cuchilla S, procese los ñames hasta que quede suave.

b) Agrega el edulcorante poco a poco, procesando cada vez que lo agregues, luego pruébalo hasta alcanzar el dulzor que deseas.

15. Aguacates rellenos con ensalada de col

Hace: 4

INGREDIENTES:
- 2 tazas de repollo rojo rallado
- 3/4 taza de zanahoria rallada
- 1/2 taza de cebolla morada rallada
- Zumo de 1 lima
- 2 aguacates, partidos por la mitad y sin semillas

INSTRUCCIONES:
a)En un tazón mediano, mezcle ambos repollos, la zanahoria y la cebolla roja.

b)   Vierta el jugo de lima sobre la mezcla de repollo y revuelva para combinar.

c)Con cuidado, haz un agujero en cada mitad de aguacate. ¡Rellena con la ensalada de col y disfruta!

16. Rollos de calabacín crudo

Hace: 3

INGREDIENTES:
- 1 calabacín mediano
- 150 g de queso crema de anacardos
- 2 cucharadas de jugo de limón
- 5 hojas de albahaca fresca
- puñado de nueces

INSTRUCCIONES:
a) En un tazón, mezcle el queso de marañón con jugo de limón y albahaca recién picada.

b)   Añadir un puñado de nueces picadas.

c) Con un pelador de papas, corte tiras largas de calabacín.

d)   Coloque aproximadamente 1 cucharadita de mezcla de queso en cada tira.

e) Enrolle las tiras de calabacín sobre la mezcla de queso y adorne con albahaca fresca.

17. Champiñones rellenos con pesto de anacardos

Rinde: 12 champiñones

INGREDIENTES:
- 10 onzas Hongos cremini enteros, sin los tallos centrales
- 15-20 hojas grandes de albahaca
- Zumo y ralladura de 1 limón
- 2/3 taza de anacardos crudos
- Pimienta negra al gusto

INSTRUCCIONES:
a) En un procesador de alimentos o licuadora, combine la albahaca, el jugo de limón y los anacardos.

b)   Sazone con pimienta y pulse el procesador de alimentos hasta que esté picado en trozos grandes.

c) Mezcle hasta que el pesto esté suave y cremoso, unos 30 segundos.

d)   Coloque las tapas de los champiñones, con el lado abierto hacia arriba, en una fuente para servir. Poner el pesto en las tapas de los champiñones.

e) Cubra con ralladura de limón y adorne con una nuez de cajú entera.

18. Ensalada Caprese De Aguacate

Rinde: 6 porciones

INGREDIENTES:

- 4 tomates reliquia de tamaño mediano
- 3 aguacates medianos
- 1 manojo grande de albahaca fresca
- 1 limón en jugo

INSTRUCCIONES:

a)Cortar el aguacate alrededor del ecuador y quitar el hueso. Cortar en aros, luego quitar la cáscara.

b) Mezcle las rebanadas de aguacate ligeramente en jugo de limón.

c)Cortar los tomates.

d) Coloque en capas las rodajas de tomate, las rodajas de aguacate y las hojas de albahaca. ¡Disfrutar!

19. Barcos de tacos crudos

porciones 4

INGREDIENTES:
- 1 cabeza de lechuga romana
- 1/2 taza de hummus de betabel crudo
- 1 taza de tomates cherry partidos por la mitad
- 3/4 taza de repollo rojo en rodajas finas
- 1 aguacate mediano maduro (picado)

INSTRUCCIONES:
a) Acomode los botes de ensalada en un plato para servir y llénelos con 1-2 cucharadas (15-30 g) de hummus.

b)   Luego cubra con tomates, repollo y aguacate.

20. de manzana

Hace: Para 1

INGREDIENTES:
- 2 manzanas de tu elección
- ⅓ taza de mantequilla de nuez natural
- un puñado pequeño de coco rallado
- espolvorear canela
- 1 cucharada de jugo de limón

INSTRUCCIONES:
a) Manzanas: Lave, quite el corazón y corte las manzanas en rodajas de ¼ de pulgada.

b)   Ponga las rodajas de manzana en un tazón pequeño con el jugo de limón y revuelva.

c) Mantequilla de nuez: Caliente la mantequilla de nuez hasta que esté tibia y ligeramente líquida.

d)   Rocíe la mantequilla de nueces con un movimiento circular desde el centro del plato hacia el borde exterior.

e) Espolvorear con hojuelas de coco y espolvorear con canela.

21. Crujiente de cacao

INGREDIENTES: :

- 3 tazas de trigo sarraceno, activado y seco
- 1 taza de semillas de cacao
- 1 taza de pasas
- 1 taza de pasta de cacao (240 g de masa sólida)
- 2 tazas de manteca de cacao (480 g de manteca sólida)
- 1/2 taza de polvo de lúcuma
- 1 taza de azúcar de coco
- 1/2 cucharadita de sal

INSTRUCCIONES:

a) Coloque el trigo sarraceno, las semillas y las pasas en el congelador antes de comenzar a derretir el cacao.

b) Derrita la manteca de cacao y la pasta de cacao al baño maría o al baño maría con agua tibia.

c) Agregue la lúcuma, el azúcar de coco y la sal y revuelva suavemente hasta que estén bien combinados.

d) Quítate el calor.

e) Mezcle el trigo sarraceno fresco, las pasas y las puntas.

f) revuelva constantemente.

g) A medida que todo se enfría, toda la mezcla comenzará a espesarse.

h)   En este punto, trabajando muy rápidamente con las manos, desmenuce la mezcla recubierta en las bandejas que desee (usamos nuestras bandejas de secado de hojas sólidas). La granola ahora estará a temperatura ambiente, pero puedes enfriarla en el refrigerador o congelador durante unos 15 minutos para acelerar el proceso.

i) Conservar en un recipiente hermético en un lugar fresco y oscuro, quizás en la nevera en verano.

j) Llena una jarra de 3 litros.

22. palomitas de chile

Rinde 12 poppers.

INGREDIENTES:

- 12 chiles jalapeños frescos
- 1/2 taza de queso cremoso de nuez
- 1/3 taza de semillas de lino dorado, molidas
- 1/3 taza de agua

INSTRUCCIONES:

a) Cortar el costado del chile.
b) Saque las semillas con una cuchara pequeña.
c) Usando una manga pastelera, exprima el queso cremoso en cada chile.
d) Mezcle las semillas de lino y el agua a temperatura alta durante unos 45 segundos para formar una masa suave.
e) Sumerge cada chile en la masa. Agregue más agua a la masa si se vuelve demasiado espesa.
f) Secar durante 24 horas o hasta que estén crujientes.
g) Mejor servido inmediatamente.

23. <u>Napa chips con queso y cebolla</u>

Hace alrededor de 5 tazones.

INGREDIENTES:

- 750 g de col china, rallada
- 2 tazas de anacardos
- 1 taza de agua
- 1/4 taza de levadura nutricional
- 1/4 taza de cebolla
- 2 cucharaditas de jugo de limón
- 2 cucharaditas de polvo de mostaza caliente
- 1 cucharadita de ajo, picado - opcional
- 1/2 cucharadita de pimienta blanca - opcional
- sal gruesa para moler al final

INSTRUCCIONES:

a) Mezcle todos **LOS INGREDIENTES:** , excepto el repollo y la sal, a velocidad alta hasta que quede suave, aproximadamente 1 minuto.

b) Añadir a la col china y masajear.

c) Colóquelas sobre láminas firmes para secadora y muela sal gruesa sobre ellas.

d) Secar durante 12 horas y separar de las placas fijas.

e) Seque en las bandejas durante otras 24-48 horas o hasta que estén muy crujientes.

f) Almacene en un recipiente hermético en un lugar fresco y oscuro.

24. Nueces Caramelizadas

Rinde 4 tazas.

INGREDIENTES:

- 3 tazas de nueces y semillas mixtas: almendras, avellanas, calabaza y girasol
- 1 taza de pasas
- 1/2 taza de agua
- 1/2 cucharadita de canela
- 1 cucharadita de sésamo
- 1 pizca de sal

INSTRUCCIONES:

a) Poner todos los frutos secos y semillas en un bol y reservar.

b) Licúa todo lo demás hasta que quede suave.
c) Vierta la mezcla sobre las semillas y las nueces y mezcle bien. Asegúrate de que todo esté bien cubierto.
d) Extender sobre paños de cocina firmes.
e) Espolvorea semillas de sésamo por encima y colócalas en el deshidratador durante aproximadamente 24 horas.
f) Sepárelo de las placas fijas y déjelo secar durante otras 16-24 horas.
g) Almacenar en un frasco de vidrio bien cerrado.

SANDWICHES Y HAMBURGUESAS

25. Sándwich Rubén De Tocino Y Coco

PARA 4 SANDWICHES

1 receta de pan plano de centeno
1 receta de tu Queso favorito
1 receta de tocino de coco o tocino de berenjena
1 receta de Aderezo Mil Islas
1 taza de tu chucrut favorito

Coloque una rebanada de Rye Flatbread en cada uno de los cuatro platos para servir. Untar con una capa de Queso. Cubra con rebanadas de tocino de coco y rocíe con aderezo Thousand Island. Cubra con chucrut y una segunda pieza de pan plano, y sirva de inmediato.

26. Queso A La Parrilla Y Tomate

PARA 4 PORCIONES

8 rebanadas de Pan de Calabacín o Pan de Girasol
1 receta de tu Salsa de Queso favorita
1 tomate, sin semillas y en rodajas gruesas

Coloque una rebanada de pan en cada uno de los cuatro platos para servir. Unte cada uno con aproximadamente $\frac{1}{4}$ de taza de queso. Cubra con una rodaja de tomate y una segunda rebanada de pan. Servir inmediatamente.

27. Lox, Tomate, Cebolla Roja Y Alcaparras

PARA 4 SANDWICHES

8 rebanadas de tu pan favorito
$\frac{1}{4}$ taza de mayonesa alioli
1 tomate, sin semillas y en rodajas
1 taza de mango en rodajas o carne de coco tierna tailandesa
$\frac{1}{2}$ taza de rúcula
$\frac{1}{4}$ taza de cebolla roja en rodajas
$\frac{1}{4}$ taza de alcaparras escurridas

Coloque una rebanada de pan en cada uno de los cuatro platos para servir. Unte cada porción con 2 cucharadas de mayonesa de alioli. Cubra con las rodajas de tomate, luego el mango, la rúcula, la cebolla y las alcaparras, y finalmente el pan restante.
Se mantendrá durante varias horas.

28. club azul

PARA 4 PORCIONES

12 rebanadas de Pan de Calabacín o Pan de Girasol
(alrededor de 1½ recetas)
1 receta Mayonesa alioli
8 hojas de lechuga iceberg
1 tomate, sin semillas y en rodajas
1 aguacate maduro, sin hueso y en rodajas
1 receta de tocino de coco

Coloque una rebanada de pan en cada uno de los
cuatro platos para servir y unte con un par de
cucharadas de mayonesa. Cubra cada porción con
una hoja de lechuga, luego una rodaja de tomate,
un poco de aguacate y luego otra rebanada de pan.
Unte esa rebanada con mayonesa adicional y cubra
con rebanadas de tocino de coco, lechuga y
tomate. Extienda un par de cucharadas de
mayonesa en un lado de las rebanadas de pan
restantes y coloque el lado de la mayonesa hacia
abajo sobre sus sándwiches.
El sándwich ensamblado se mantendrá durante
unas horas.

29. Ensalada De Atún Simulada

PARA 4 PORCIONES

1 receta Mayonesa alioli
3 tazas de pulpa de zanahoria
1 taza de apio picado
$\frac{1}{4}$ taza de cebolla amarilla picada
1 receta de tu pan favorito

Coloque la mayonesa de alioli, la pulpa de zanahoria, el apio y la cebolla en un tazón para mezclar. Mezclar bien.

Arme sus sándwiches untando una cuarta parte de la mezcla entre dos rebanadas de pan. Cubra con rodajas de tomate y lechuga iceberg. Repita para hacer los sándwiches restantes.

Los sándwiches ensamblados se mantendrán durante un par de horas. La ensalada de atún simulada se mantendrá durante 2 días si se almacena por separado en el refrigerador.

30. Tejido

PARA 4 PORCIONES

8 rebanadas de Pan de Calabacín o Pan de Girasol
$\frac{1}{2}$ taza de mantequilla de almendras
1/3 taza de sirope de agave
2 plátanos, en rodajas

Coloque una rebanada de pan en cada uno de los cuatro platos para servir. Unte cada porción con 2 cucharadas de mantequilla de almendras y rocíe con un poco de sirope de agave. Cubra con la mitad de un plátano en rodajas. Extienda 2 cucharadas de mantequilla de almendras en un lado de las rebanadas de pan restantes y complete cada sándwich.
Rocíe de 2 a 3 cucharadas de jarabe de agave sobre cada sándwich. Ponga a un lado durante 15 minutos o más para marinar. Comer con tenedor. Se mantendrá durante 1 día en la nevera.

31. <u>Sándwich abierto de canela y manzana</u>

PARA 4 PORCIONES

1 receta Mantequilla de Miso , Mantequilla de Vainilla , Mantequilla de Lavanda
, o Mantequilla de Chocolate
1 manzana, sin corazón y en rodajas
$\frac{1}{4}$ taza de jarabe de agave
1 cucharadita de canela molida
Coloque una rebanada de pan en cada uno de los cuatro platos para servir. Unte cada rebanada con su elección de mantequilla. Cubra con rodajas de m anzana, rocíe con jarabe de agave y espolvoree can ela encima.
Se mantendrá por un día.

32. Hamburguesa Save-The-Salmon con chutney de mango

PARA 4 PORCIONES

1 receta de Ensalada de atún simulado

Forme la ensalada de atún simulada en cuatro ham
burguesas (no demasiado gruesas, para ayudarlas a
secarse). Colóquelo en una bandeja deshidratadora
Excalibur de 14 pulgadas cuadradas y deshidrate
durante 2 a 4 horas a 104 °F, hasta obtener la con
sistencia deseada.
Sirva sobre su pan favorito con Mango Chutney y l
echuga.

33. Chutney de mango

HACE 1 TAZA

1 taza de mango picado

2 cucharadas de jugo de limón (de aproximadamen
te 1 limón)

1 cucharadita de ajo picado

1 chile rojo pequeño, picado finamente, o al gusto

$\frac{1}{4}$ taza de cilantro picado

$\frac{1}{4}$ taza de cebolla amarilla picada

$\frac{1}{2}$ cucharadita de sal marina

1 cucharadita de sirope de agave (opcional)

Coloque aproximadamente 2 cucharadas de mango en una licuadora personal con el jugo de limón. Mez cle para mezclar y transfiéralo a un tazón pequeño. Agregue los **INGREDIENTES RESTANTES:** al ta zón para mezclar y mezcle bien para mezclar.

34. mayonesa alioli

HACE 1 TAZA

1 taza de macadamia, marañón y/o piñones

$\frac{3}{4}$ taza de agua filtrada, o según sea necesario

1 cucharadita de ajo picado, o al gusto

$\frac{1}{2}$ cucharadita de sal marina

Mezcle todos los ingredientes en una mayonesa su ave, agregando más agua según sea necesario para producir la consistencia deseada.

Almacene durante 4 a 5 días en un frasco de vidri o bien tapado en el refrigerador.

35. hamburguesa barbacoa

PARA 4 PORCIONES

1 receta de tu hamburguesa favorita

1 receta de Salsa BBQ Hickory

1 receta de tu pan favorito

Sirva su hamburguesa favorita en el pan de su elec
ción, cubierta con salsa BBQ, cebollas rebanadas y
lechuga.

36. <u>Salsa BBQ Hickory</u>

HACE APROXIMADAMENTE 1 TAZA

- 1 taza de tomate sin semillas y picado
- 1 cucharada de vinagre de sidra de manzana
- 2 cucharadas de néctar de agave
- 2 cucharadas de cebolla amarilla picada
- 1 cucharadita de ajo
- 1 cucharada de chile en polvo
- 1/3 taza de mango seco
- 1 o 2 gotas de humo líquido (opcional)

a) Coloca todos los **INGREDIENTES:** , excepto el mango seco, en una licuadora de alta velocidad. Mezclar hasta que esté suave.

b) Agregue el mango gradualmente y mezcle, para e spesar su salsa.

c) Agregue más o menos mango para producir la co nsistencia deseada.

PLATO PRINCIPAL

37. Envolturas crudas

3 marcas:

INGREDIENTES:
- 3 wraps de espinacas
- 1 aguacate
- jugo de 1 limon
- 1 nabo grande
- 1 calabacín grande

INSTRUCCIONES:
a)Cortar la remolacha y el calabacín en rodajas finas con una mandolina, un rallador de queso o un espiralizador. Poner a un lado.

b)   Triture la pulpa del aguacate con el jugo de limón hasta obtener una mezcla bastante suave. Extienda esto sobre todas sus envolturas.

c)Luego coloque las verduras en rodajas finas y envuélvalas bien pero con cuidado.

d)   Dejar reposar durante 5 minutos, luego cortar por la mitad con un cuchillo afilado y ¡disfrutar!

38. Bolas crudas sin carne

INGREDIENTES:

- 1 taza de semillas de girasol crudas
- ½ taza + 1 cucharada de mantequilla de almendras cruda
- 4 tomates secados al sol, remojados
- 3 cucharadas de albahaca fresca, picada
- 1 cucharadita de aceite de nuez

INSTRUCCIONES:

a) Combine todos los ingredientes en el procesador de alimentos y mezcle hasta que la mezcla alcance una textura áspera.

b) Vierta la mezcla en cucharaditas colmadas y forme cada bola.

c) Esta mezcla se puede servir como bolas sobre fideos de calabacín crudos.

39. Fideos de zanahoria cruda

Hace: 6

INGREDIENTES: :
- 5 zanahorias grandes, peladas y en espiral
- 1/3 taza de anacardos
- 2 cucharadas de cilantro fresco, picado
- 1/3 taza de salsa de maní con jengibre y lima o cualquier salsa cruda

INSTRUCCIONES:
a) Coloque todos los fideos de zanahoria en un tazón grande para servir.

b) Vierta la salsa de maní con jengibre y lima sobre los fideos y mezcle suavemente

c) Sirva con anacardos y cilantro recién picado.

40. Pasta de calabacín

INGREDIENTES: :

- 1 calabacín
- 1 taza de tomates
- 1/2 taza de tomates secados al sol
- 1.5 dátiles Medjool

INSTRUCCIONES:

a)Usando un espiralizador o un pelador de juliana, corte los calabacines en forma de fideos.

b)   Haga puré y mezcle el resto

INGREDIENTES:

c)en una licuadora de alta velocidad.

41. Sándwich de lechuga simulada

Hace 4 porciones

INGREDIENTES: :
- 1 ración de mayonesa de alioli
- 3 tazas de pasta de zanahoria
- 1 taza de apio picado
- $\frac{1}{4}$ taza de cebolla amarilla picada
- 2 rebanadas de pan

INSTRUCCIONES:

a)En un tazón, combine la mayonesa de alioli, la pulpa de zanahoria, el apio y la cebolla. Mezclar bien.

b) Arme sus sándwiches sacando una cuarta parte de la mezcla entre dos rebanadas de pan.

c)Adorne con rodajas de tomate y lechuga iceberg. Repita para preparar los sándwiches restantes.

d) Los sándwiches ensamblados se mantendrán durante unas horas. La ensalada de atún simulada se mantendrá durante 2 días si se refrigera por separado

42. Coliflor Brócoli 'Arroz'

Hace: 2-3 porciones

INGREDIENTES:
- 1 cabeza de coliflor
- 2 tazas de brócoli, picado
- 3 cebollas verdes
- $\frac{3}{4}$ taza de pimentón picado
- $\frac{1}{4}$ taza de edamames

-

INSTRUCCIONES:
a)Divida la coliflor en floretes y enjuague bien.

b)   Corta los floretes en trozos más pequeños y coloca unos cuantos puñados a la vez en el procesador de alimentos.

c)Pulse durante unos 5-10 segundos, si usa una licuadora, presione la coliflor hacia abajo con un mortero.

d)   Coloque la mezcla de coliflor en un tazón y agregue los **INGREDIENTES RESTANTES:** .

e)Dejar reposar durante al menos 30 minutos, removiendo de vez en cuando.

43. Fideos de calabacín con semillas de calabaza

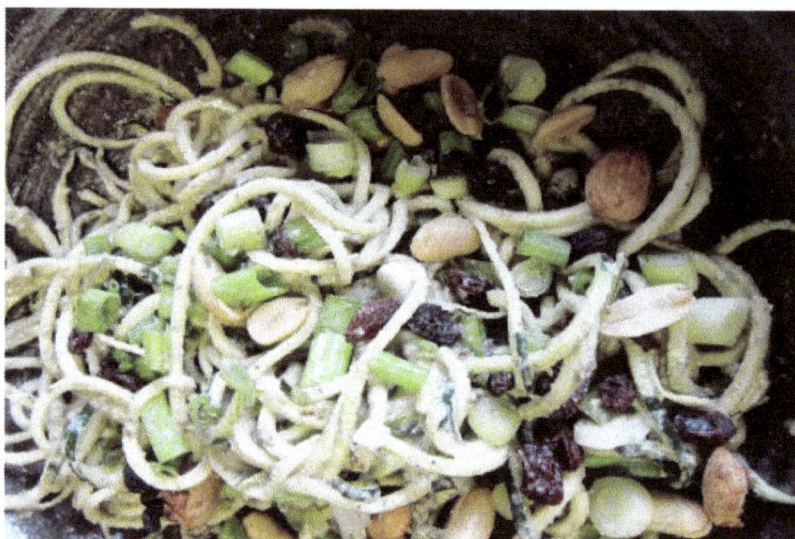

1-2 porciones

INGREDIENTES:
- 2 calabacines pequeños
- 1/4 taza de semillas de calabaza crudas
- 2 cucharadas de levadura nutricional
- 1/4 taza de hojas de albahaca/otras hierbas frescas
- Tanta leche de nuez o agua como sea necesario

INSTRUCCIONES:
a)Para los fideos, corta el calabacín en una mandolina o espiralizador. Ponga a un lado en un tazón grande.

b) Para la salsa, haz un puré con todos los ingredientes hasta que quede suave (agrega poco a poco el agua o la leche de nuez).

c)Masajee la salsa en la pasta hasta que esté uniformemente cubierta.

d) Déjalos reposar por un minuto para que se ablanden y se marinen.

44. Rollitos de primavera veganos

Porciones 4 porciones

INGREDIENTES:
- 6 mangas de papel de arroz
- Cortar 1 zanahoria en juliana
- Cortar 1/2 pepino mediano en juliana
- 1 pimiento rojo en juliana
- 100 gramos o 1 taza de repollo rojo, en rodajas

INSTRUCCIONES:
a)Empieza por remojar el papel de arroz según las **INSTRUCCIONES DEL PAQUETE:** .

b) Preparar todas las verduras antes de montar los bollos.

c)Coloque su primer paquete en una tabla de cortar y coloque una pequeña porción de sus rodajas de vegetales con mucha firmeza encima.

d) Enrolle firmemente, como un burrito, y doble los lados del rollo de papel de arroz por la mitad.

e)Reduzca a la mitad cada rollo y sirva.

45. Champiñones marinados con limón y perejil

Marcas: 2

INGREDIENTES:
- 6 do. champiñones blancos
- $\frac{1}{2}$ de 1 cebolla blanca dulce
- $\frac{1}{2}$ taza perejil picado
- $\frac{1}{4}$ c. jugo de limon
- $\frac{1}{4}$ c. aceite de nuez

INSTRUCCIONES:
a) Mezcle todos los ingredientes para la marinada en un tazón pequeño.

b) Pica cada champiñón de aproximadamente $\frac{1}{4}$ de pulgada de grosor y colócalo en un tazón grande.

c) Vierta la marinada sobre los ingredientes y mezcle hasta que estén completamente cubiertos.

d) Vacíe los champiñones en una bolsa de congelador Ziploc de 1 galón y exprima la mayor cantidad de aire posible.

e) Refrigera los champiñones durante al menos 4 horas. Aproximadamente una vez cada hora, retire la bolsa y déle la vuelta para revolver un poco los ingredientes.

f) Una vez pasado el tiempo suficiente, sácalos de la nevera, sirve y disfruta.

46. Linguini Arrabbiata

Rinde 4 porciones.

INGREDIENTES:

Para la salsa:

- 1 taza de tomates baby
- 1 taza de tomates secados al sol, remojados
- 1 taza de cebolla roja, picada
- 1/4 taza de dátiles remojados
- 1/2 taza de aceite de oliva
- 1 cucharadita de miso
- 1 cucharadita de sal
- chile al gusto

Para las verduras:

- 4 tazas de vegetales duros mixtos, como calabacitas o calabacines, batatas y nueces

INSTRUCCIONES:

Salsa:

a) Mezcle todo a temperatura alta durante unos 30 segundos en una licuadora de alta velocidad o 60 segundos en una licuadora normal hasta que quede suave.

b) Se congela bien o se guarda en la nevera durante unos días.

Verduras:

c) Espiralice las verduras en linguini, o use un pelador de verduras para hacer cintas de fettuccine.

d) Remoja los linguini en agua tibia para que se calienten.

e) Vierta la salsa arrabbiata en una sartén y caliente suavemente, revolviendo constantemente.

f) Escurrir las verduras y mezclar con la salsa.

SOPAS Y ENSALADAS

47. Sopa De Champiñones Shiitake

Hace 6 porciones

INGREDIENTES:
- 6 tazas de hongos shiitake secos
- 10 tazas de agua
- 2 cucharadas de nama shoyu
- 1 cucharada de cebollín recién picado

INSTRUCCIONES:
a)Coloque los champiñones y el agua en un recipiente grande, cubra y refrigere durante aproximadamente 8 horas.

b)   Cuando termine, drene el agua de los champiñones en otro tazón o recipiente.

c)Revuelva el nama shoyu en el caldo de champiñones.

d)   Retire y deseche los tallos de los champiñones y pique las tapas.

e)Agregue los champiñones picados al caldo y cubra con las cebolletas picadas.

48. Sopa De Pimiento Rojo

Hace 4 porciones

INGREDIENTES:
- 16 pimientos rojos, sin corazón
- 2 aguacates maduros, machacados
- 2 cucharadas de jarabe de arce puro
- 1 cucharadita de rábano picante finamente rallado
- Cebolla en polvo al gusto

INSTRUCCIONES:
a) Exprimir los pimientos rojos y retirar la pulpa.

b)   Mida 6-7 tazas de jugo de pimienta en un tazón grande.

c) Revuelva el aguacate, el jarabe de arce y el rábano picante en el jugo hasta que estén bien combinados.

d)   Sazone con la cebolla en polvo.

49. Ensalada De Repollo Morado Y Toronja

Hace: 4

INGREDIENTES: :
- 4 tazas de repollo rojo en rodajas finas
- 2 tazas de toronja segmentada
- 3 cucharadas de arándanos secos
- 2 cucharadas de semillas de calabaza

INSTRUCCIONES:
a)   Coloque la ensalada **INGREDIENTES:** en un tazón grande y mezcle.

50. <u>Sopa de zanahoria y gengibre</u>

3 marcas:

INGREDIENTES: :
- 1½ tazas de zanahorias, finamente picadas
- 1 cucharada de miso blanco sin pasteurizar
- 1 cucharadita de raíz de jengibre fresca, finamente picada
- 1 diente de ajo
- 2 tazas de agua pura

INSTRUCCIONES:
a)Mezcle todos **LOS INGREDIENTES:** excepto $\frac{3}{4}$ taza de zanahorias.

b) Verter la mezcla de **INGREDIENTES:** sobre las zanahorias y servir.

c)Esto es excelente para fortalecer los pulmones.

51. Ensalada dulce de col roja

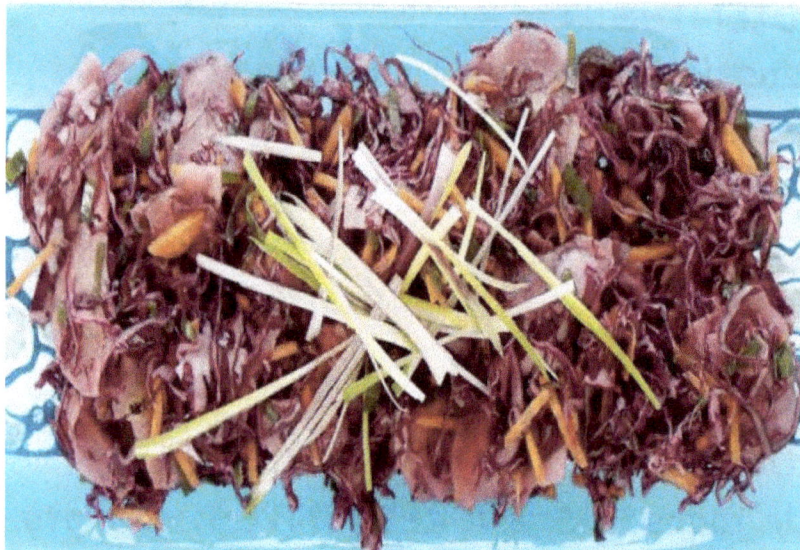

Rinde 4 porciones.

INGREDIENTES: :
- 4 tazas de repollo rojo, rallado
- 1 taza de manzanas, en rodajas finas
- 1 taza de zanahorias, en juliana o ralladas
- 1/2 taza de cebolletas, en rodajas finas
- 1/4 taza de pasas o grosellas
- 3 cucharaditas de aceite de oliva
- 2 cucharaditas de miel o agave
- 1 cucharadita de vinagre, uva o sidra de manzana
- 1 pizca de sal
- Pimienta, recién molida al gusto

INSTRUCCIONES:
a) Mezclar todos **LOS INGREDIENTES:** en un bol y dejar marinar a temperatura ambiente durante 2 horas, revolviendo frecuentemente.
b) Alternativamente, mezcle todo y deje marinar en el refrigerador durante la noche.

52. Ensalada tailandesa de som thum

Hace 4-6 porciones.

INGREDIENTES: :

- 1 cucharadita de chile fresco, en rodajas finas
- 1 cucharadita de jengibre fresco, picado
- 1 cucharadita de ajo fresco, picado
- 1 cucharadita de ralladura de lima o limón
- 3 cucharaditas de jugo de lima o limón
- 1 cucharadita de aceite, sésamo ligero o nuez de macadamia
- 1 taza de papaya, virutas
- 1/4 cucharadita de sal
- 1 taza de pepino, en juliana
- 1 taza de rábano daikon, en juliana
- 1 taza de cilantro fresco, picado en trozos grandes

INSTRUCCIONES:

a) Mezclar todo excepto la papaya y dejar marinar por unos 10 minutos.
b) Justo antes de servir, añadir las virutas de papaya y dar la vuelta con mucho cuidado.

53. Ensalada cremosa de pipas de calabaza e hinojo

Hace 2 porciones.

INGREDIENTES: :
- 1 taza de bulbo y tallo de hinojo, en rodajas finas
- 1 taza de apio, en rodajas finas
- 1 taza de semillas de calabaza
- 1 taza de agua
- 1/4 taza de jugo de limón
- 2 citas
- 1/4 cucharadita de pimienta negra
- 1/2 cucharadita de sal

INSTRUCCIONES:
a) Coloque el hinojo y el apio en un bol y reserve.
b) Bate **LOS INGREDIENTES RESTANTES:** hasta que quede suave, unos 30 segundos.
c) Vierta sobre el hinojo y el apio, asegurándose de que todo esté cubierto.
d) Adición: espolvorea semillas como calabaza, girasol, sésamo o semillas de cáñamo encima.

54. Ensalada de tomates baby, cebolla roja e hinojo

Hace 2-4 porciones.

INGREDIENTES: :

- 1 hinojo entero, bulbo y hojas
- 2 tazas de tomates baby
- 1/2 taza de cebolla roja
- 1/4 taza de aceite de oliva
- 1 cucharadita de sal de hierbas

INSTRUCCIONES:

a) Cortar en rodajas finas el hinojo y la cebolla roja.
b) Cortar los tomates en 2-3 trozos.
c) Tira todo junto.
d) Sirva sobre una cama de hojas o tal cual.

55. Sopa de champiñones

INGREDIENTES: :

- 3 tazas de champiñones Portobello u otros champiñones gourmet, en rodajas finas
- 2 tazas de agua tibia
- 1 taza de perejil
- 1/2 taza de aceite de oliva
- 1/4 taza de tamari
- 1 aguacate grande

a) Mezclar los champiñones con el aceite de oliva y el tamari en un bol y dejar reposar durante aproximadamente 1 hora, volteando de vez en cuando.

b) Batir el aguacate y el agua caliente hasta que quede suave, unos 15 segundos.

c) Coloque los champiñones en la licuadora con su adobo y perejil y haga puré solo una o dos veces. Hace alrededor de 1,5 litros.

POSTRE

56. Rollitos de queso tierno

Hace 2 rollos.

INGREDIENTES:
- 2 tazas de nueces de macadamia
- 1/3 taza de agua
- 2 cucharaditas de jugo de limón
- 1/2 cucharadita de sal

INSTRUCCIONES:
a)Coloque todos los ingredientes en la licuadora y use la barra presionadora para presionar la mezcla firmemente contra las cuchillas y mezcle a velocidad alta hasta que quede suave, aproximadamente 1 minuto.

b) Refrigera por unas 2 horas para que la mezcla cuaje.

c)Prepare el recubrimiento antes de sacar la mezcla del refrigerador.

d) Pica tu cobertura **INGREDIENTES:** lo más finamente posible y distribúyela sobre una tabla.

e)Divide la mezcla en 2 y dale forma de rollos.

f)Enróllalos en la cobertura y sírvelos.

g)Conservar en la nevera durante 2-3 días.

57. Mini tortas de zanahoria con naranja

Hace 12-14 pasteles pequeños.

INGREDIENTES:

- 1 taza de mermelada de dátiles – 50/50 dátiles sin hueso y
- 1 taza de jugo de naranja
- 1/2 taza de agua
- 3 cucharaditas de aceite de coco
- 2 cucharaditas de agave o miel
- 1/2 cucharadita de vainilla en polvo
- 1/2 taza de pasas
- 1 cucharadita de jengibre, recién exprimido o finamente picado o en polvo
- 2 cucharaditas de mezcla de especias
- 1 cucharadita de ralladura de naranja
- 1 cucharadita de nuez moscada
- 1 cucharadita de sal

Vidriar:
- 1/4 cucharadita de sal
- 1/2 taza de anacardos

INSTRUCCIONES:

a) Triture las almendras en un procesador de alimentos con la cuchilla S o en una bolsa de plástico gruesa con un rodillo.

b) Mezcle todos **LOS INGREDIENTES DEL PASTEL:** en un tazón grande.

c)Mida porciones de 1/3 de taza en bandejas para hornear firmes y forme círculos individuales de unos 10 mm de grosor.

d) Secar durante aprox. 6 horas, separar de las placas fijas y secar durante otras 2 horas.

e)1El bizcocho estará listo cuando esté crujiente por fuera y húmedo por dentro.

f)1Pure todos los ingredientes para el glaseado en una licuadora de alta velocidad y extiéndalos sobre los pasteles. Puedes dejar reposar los bizcochos en la nevera durante unas horas.

g)Adorne con tiras de zanahoria rallada y nuez moscada rallada.

h) Se puede conservar en la nevera durante 2 días sin glasear.

58. Mini Tartas De Lima

Rinde unas 14 tartaletas.

INGREDIENTES:
costras:
- 2 tazas de semillas y/o nueces
- 1/2 taza de jugo de limón
- 1/2 taza de dátiles, sin hueso y picados
- 1/2 taza de miel de abeja
- 1/2 taza de aceite de coco
- 1 cucharadita de vainilla en polvo
- 1/2 taza de manteca de cacao
- 1 pizca de sal

Relleno:
- 4 aguacates

INSTRUCCIONES:
de la corteza :
a) Derretir la manteca de cacao al baño maría.

b)   Procese las semillas y/o nueces en harina gruesa en el procesador de alimentos con la hoja S.

c) Mezcle todos **LOS INGREDIENTES DE LA CORTEZA:** y presione en moldes de silicona flexibles.

d)   Refrigera hasta que esté firme y luego desmolda.

Relleno:

e)Batir todos los ingredientes para el relleno hasta que quede suave, unos 5 minutos.

f)Vierta el relleno en cada taza pequeña y termine con un strudel.

g)Llevar a la heladera por 6 horas.

h) Servir de la nevera.

59. Mini tortas de mousse de cacao

INGREDIENTES:

Corteza:

- 2 tazas de semillas y/o nueces
- 1/2 taza de dátiles, sin hueso y picados
- 1/4 taza de aceite de coco, derretido
- 1 pizca de sal

mousse:

- 6-10 aguacates
- 1 1/4 taza de cacao en polvo
- 1 1/4 taza de miel o agave
- 2 gotas de aceite esencial de menta

INSTRUCCIONES:

Corteza:

a)Procese finamente las semillas y/o frutos secos en un procesador de alimentos equipado con cuchilla S. ¡También es posible cortar a mano!

b)   Mezcle todos los **INGREDIENTES DE LA CORTEZA:** en un tazón y amase hasta que quede pegajoso y pastoso.

c)Presione en un molde con forma de resorte, cubriendo el fondo de manera uniforme.

mousse:

a)Coloque todos los **INGREDIENTES: MOUSSE** en su procesador de alimentos equipado con una cuchilla S y procese durante unos cinco minutos.

b)   Asegúrate de que todo esté bien combinado y suave como la seda.

c) Vierte la mousse en el molde y refrigera por 8 horas.

d)   Se conserva bien en la nevera durante unos días.

60. caramelo de chocolate

Rinde unas 40 piezas.

INGREDIENTES:
- 1 taza de dátiles, sin hueso
- 1 taza de aceite de coco
- 1/2 taza de agua
- 1/2 taza de cacao en polvo
- 1 cucharadita de vainilla en polvo
- 1 pizca de sal

INSTRUCCIONES:
a)Cubre los dátiles con agua y deja que se ablanden; usa agua tibia para acelerar este proceso.

b) Coloque todo junto en un procesador de alimentos y procese con el S-Blade hasta que quede suave y mezclado. Esto toma hasta 20 minutos y vale la pena.

c)Verter en un recipiente hondo y dejar reposar en la nevera.

d) Cortar en cuadrados después de aproximadamente 3-4 horas.

e)Guárdelos en un recipiente hermético en el refrigerador.

61. Pudín de aguacate y chocolate crudo

Rinde: Para 2 personas

INGREDIENTES:
Base de Pudín de Chocolate y Aguacate
- 1 aguacate grande (o 2 pequeños), sin piel ni semillas
- 1 plátano maduro, pelado
- 3-4 cucharadas de cacao en polvo
- 3-4 cucharadas de jarabe de arce puro, néctar de coco o jarabe de dátiles
- 1 cucharadita de extracto de vainilla
- 1/4 cucharadita de canela, opcional

combinación de sabores
- 1/2 taza de jugo de naranja recién exprimido, y más según sea necesario
- 1 cucharadita de ralladura de naranja, opcional

INSTRUCCIONES:
a)En una licuadora, combine los ingredientes para el budín base (junto con cualquiera de las combinaciones de sabores) y haga puré hasta que quede cremoso, deteniéndose para raspar los lados según sea necesario.

b) Agregue unas cuantas cucharadas de agua según sea necesario para lograr la consistencia deseada. Usualmente uso 1/2 taza de agua a menos que esté haciendo sabor a naranja. Pruebe el sabor y ajústelo en consecuencia.

c)El pudín se puede servir a temperatura ambiente, pero me parece mejor enfriarlo en el refrigerador durante unas horas.

d) Servir: Adorne con una cucharada de crema de coco batida y chocolate negro rallado, nibs de cacao o chips de algarroba.

62. Pastel de crema de fresa

LLENA 1 PASTEL

1 receta de masa de tarta básica

2 recetas de crema batida de anacardos

2 tazas de fresas partidas a la mitad

2 cucharadas de sirope de agave

Extienda la crema batida en la masa de pastel, en una sola capa uniforme.

Mezcle las mitades de fresa en el jarabe de agave, luego coloque las fresas, con el lado cortado hacia abajo, encima de la crema.

Se mantendrá durante 2 o 3 días en la nevera.

63. Crema Batida De Anacardos

PARA 1½ TAZAS

Una crema rica y blanca para disfrutar encima de su pastel, helados y como un aderezo para bayas y frutas en rodajas.

1 taza de nueces de la India

½ taza de aceite de coco

1 cucharada de extracto de vainilla sin alcohol

½ taza de agua filtrada

Coloque todos los ingredientes en una licuadora de alta velocidad y mezcle hasta que quede suave.

Transfiera a un tazón pequeño y colóquelo en el centro de una bandeja o plato para servir.

Se mantendrá durante 4 a 5 días en la nevera.

64. Tartaletas De Natillas

PARA UNAS 6 TARTELLAS

1 receta Basic Piecrust, hecha con harina de almendras

2 recetas de crema batida de anacardos

Tus frutas pequeñas favoritas para cubrir cada tartaleta, como 1 mora, 3 arándanos, 1 frambuesa o semillas de cacao

Cubra primero los compartimentos de una tartaleta o molde de brioche múltiple con una envoltura de plástico, luego presione la masa de pastel firmemente en el molde. Retire levantando suavemente la envoltura de plástico.

A continuación, vierte la nata montada en cada tartaleta. Cubra cada tartaleta decorativamente con un tipo de fruta o las puntas de cacao.

Servir de inmediato, o guardar en la nevera.

Se mantendrá durante 2 o 3 días en la nevera.

65. Pastel básico sin harina

3 tazas de nueces, como nueces, almendras o nueces de Brasil

$\frac{1}{4}$ de cucharadita de sal marina

1 taza de dátiles Medjool deshuesados, envasados

1 cucharada de extracto de vainilla sin alcohol

1 a 2 cucharadas de sirope de agave (opcional)

Coloque las nueces y la sal en un procesador de alimentos y rompa las nueces en trozos. Agregue trozos de dátiles, en lugar de un bulto grande, y la vainilla. Procese hasta que las nueces se unan con los dátiles pegajosos para formar una masa para pastel.

Pruebe la masa tomando un puñado y apretando para asegurarse de que se mantenga unido. Si no es lo suficientemente pegajoso, agregue algunos dátiles más o 1 o 2 cucharadas de jarabe de agave y procese hasta que se mantenga unido.

66. Tarta de Naranja y Almendras

HACE 1 PASTEL

1 receta de mezcla básica para pastel sin harina, hecha con almendras

$\frac{1}{2}$ receta de Salsa Básica de Frutas, hecha con naranjas

1 naranja, sin hueso y segmentada (quitar toda la piel y la médula)

$\frac{1}{4}$ taza de coco seco, molido en polvo

Divide la mezcla para pastel en dos partes iguales. Forme dos rondas de pastel a mano. O bien, cubra un molde para pasteles pequeño con una envoltura de plástico primero, luego presione una porción de la masa dentro para formar la forma. Voltee el pastel formado fuera del molde y retire el plástico. Repita con la segunda porción de masa. Coloque la primera ronda en un plato y cubra con salsa de frutas de naranja y rodajas de naranja en gajos. Cubra con la segunda ronda de pastel. Use un tamiz de alambre para espolvorear la parte superior del pastel con el polvo de coco.

Se mantendrá durante 3 a 4 días en la nevera.

67. Sueño de frambuesa y limón

HACE 1 PASTEL

1 receta de mezcla básica para pastel sin harina, hecha con tu nuez favorita
$\frac{1}{2}$ receta de Salsa Básica de Frutas, hecha con limón
$1\frac{1}{2}$ tazas de frambuesas

Divide la mezcla para pastel en dos partes iguales. Forme dos rondas de pastel a mano. O bien, cubra un molde para pasteles pequeño con una envoltura de plástico primero, luego presione una porción de la masa dentro para formar la forma. Voltee el pastel formado fuera del molde y retire el plástico. Repita con la segunda porción de masa. Coloque la primera ronda en un plato y cubra con salsa de frutas de limón y 1 taza de frambuesas. Cubra con la segunda ronda de pastel y las frambuesas restantes.
Se mantendrá durante 3 a 4 días en la nevera.

68. pastel de fresas

HACE 1 PASTEL

Las fresas rojas frescas y la crema batida dulce se colocan en capas entre un pastel húmedo sin harina.

1 receta de mezcla básica para pastel sin harina, hecha con tu nuez favorita

1 lote de crema batida de anacardos

$1\frac{1}{2}$ tazas de fresas en rodajas

Divide la mezcla para pastel en dos partes iguales. Forme dos rondas de pastel a mano. O bien, cubra un molde para pasteles pequeño con una envoltura de plástico primero, luego presione una porción de la masa dentro para formar la forma. Voltee el pastel formado fuera del molde y retire el plástico. Repita con la segunda porción de masa. Coloque la primera ronda en un plato y cubra con crema batida y la mitad de las fresas. Cubra con la segunda ronda de pastel, la crema restante y las fresas restantes.

Se mantendrá durante 3 a 4 días en la nevera.

69. Pastel De Coco Con Salsa De Nutella Y Avellanas

HACE 1 PASTEL

El pastel sin harina de vainilla está relleno con una rica salsa de chocolate con avellanas, crema batida de vainilla y almendras picadas. Está cubierto con crema de vainilla y cubierto con coco rallado.

1 receta de mezcla básica para pastel sin harina, hecha con tu nuez favorita

1 receta de crema batida de marañón

1 cucharada de extracto de vainilla sin alcohol

1 receta de Salsa Nutella Avellana

1 taza de almendras picadas en trozos grandes

½ taza de coco seco rallado

Divide la mezcla para pastel en dos partes iguales. Forme dos rondas de pastel a mano. O bien, cubra un molde para pasteles pequeño con una envoltura de plástico primero, luego presione una porción de la masa dentro para formar la forma. Voltee el pastel formado fuera del molde y retire el plástico. Repita con la otra porción de masa. Mezclar la Nata montada con el extracto de vainilla.

Coloque la primera ronda de pastel en un plato. Cubrir con la salsa de chocolate con avellanas, luego la mitad de la Crema batida de vainilla y luego las almendras picadas. Cubra con la segunda ronda de pastel, la crema de vainilla restante y el coco rallado.

Se mantendrá durante 4 a 5 días en la nevera.

70. Pastel de chocolate y cerezas

HACE 1 PASTEL

1 receta de mezcla básica para pastel sin harina, hecha con tu nuez favorita

2/3 taza de cacao o algarroba en polvo

1 receta de Mermelada de Fruta Fresca, hecha con cerezas

1 taza de cerezas partidas a la mitad sin hueso

1 receta de crema batida de marañón

Agregue el cacao a su mezcla para pastel y mezcle bien. Divide la mezcla para pastel en dos partes iguales. Forme dos rondas de pastel a mano. O bien, cubra un molde para pasteles pequeño con una envoltura de plástico primero, luego presione una porción de la masa dentro para formar la forma. Voltee el pastel formado fuera del molde y retire el plástico. Repita con la otra porción de masa.

Coloque la primera ronda en un plato. Cubra con la mermelada de cereza, la mitad de las cerezas, luego la mitad de la crema batida. Cubra con la segunda ronda de pastel, la crema restante y las cerezas restantes.

Se mantendrá durante 3 a 4 días en la nevera.

71. Helado básico de plátano (sin nueces)

PARA 4 PORCIONES

6 plátanos maduros, pelados y congelados
¼ taza de jarabe de agave
Agua, si es necesario
Coloque los plátanos congelados en un procesador de alimentos y procese hasta obtener un helado suave.
Disfrútelo de inmediato con sus ingredientes favoritos, como nueces y frutas picadas, salsas y jarabes. O bien, transfiéralo a un recipiente y colóquelo en el congelador para que se reafirme durante una hora o dos, hasta obtener la consistencia deseada.
Se mantendrá durante semanas en el congelador.
Retire y deje reposar a temperatura ambiente durante 10 minutos, para ablandar antes de sacar.

72. Helado De Chocolate-Plátano Con Avellanas

PARA 4 PORCIONES

6 plátanos maduros, pelados y congelados
2 cucharadas de sirope de agave
$\frac{1}{4}$ taza de cacao en polvo
$\frac{1}{2}$ taza de avellanas picadas gruesas

Coloque los plátanos congelados y el jarabe de agave en un procesador de alimentos y procese hasta que quede suave. Agrega el cacao y procesa para mezclar bien. Agrega las avellanas y pulsa ligeramente para mezclar.
Disfrútelo de inmediato, o transfiéralo a un recipiente y colóquelo en el congelador para que se reafirme durante una hora o dos, hasta obtener la consistencia deseada.
Se mantendrá durante semanas en el congelador.
Retire y deje reposar a temperatura ambiente durante 10 minutos, para ablandar antes de sacar.

73. Helado Básico

HACE 2 TAZAS

1 taza de nueces, como anacardos, nueces de
Brasil, avellanas o almendras
$\frac{1}{4}$ taza de jarabe de agave
4 a 6 cucharadas de agua filtrada, según sea
necesario

Licua las nueces con el jarabe de agave, agregando
solo el agua suficiente para hacer una crema
espesa. Cuanta menos agua use, menos cristales de
hielo se formarán en su receta congelada final.

74. Helado de Chocolate Mexicano

HACE 2 TAZAS

1 receta Helado Básico
$\frac{1}{4}$ taza de cacao en polvo
1 cucharadita de canela en polvo
1/8 cucharadita de cayena (opcional)
Mezcle todos los **INGREDIENTES:** , incluida la cayena, si lo desea. Transfiera a un recipiente, cubra y coloque en el congelador durante la noche.

75. Helado de Lavanda

HACE 2 TAZAS

1 receta Helado Básico
1 cucharada de extracto de lavanda o 2
cucharadas de lavanda culinaria pulverizada.
der buds (no consumir lavanda vendida para
popurrí)

Licúa todos los **INGREDIENTES:** . Transfiera a
un recipiente, cubra y coloque en el congelador
durante la noche.

76. Helado de Lúcuma

HACE 2 TAZAS

1 receta de Helado Básico, elaborado con marañón
y sirope de yacón
en lugar de agave, si está disponible
½ taza de lúcuma en polvo
1 cucharada de extracto de vainilla sin alcohol
½ taza de agua filtrada

Coloque todos los ingredientes en una licuadora de
alta velocidad. Mezcle lentamente al principio,
aumentando la velocidad gradualmente para
obtener la consistencia más suave posible.
Transferir a un recipiente y colocar en el
congelador durante la noche. Disfruta
directamente del congelador con tus salsas y
jarabes favoritos

77. Salsa de Frutas Básica

PARA 1½ TAZAS

2 tazas de fruta, como piña, mango o duraznos
½ taza de sirope de agave

Coloque los ingredientes en una licuadora de alta velocidad y mezcle hasta que quede suave para hacer una hermosa salsa de color.
Se mantendrá durante 3 a 4 días en la nevera.

78. Salsa de agave y arándanos

PARA 1½ TAZAS

1 receta de Salsa de Frutas Básica, hecha con arándanos

Coloque la salsa **INGREDIENTES:** en una licuadora de alta velocidad. Mezcle suavemente para hacer una salsa de color púrpura brillante que se ve increíble y tiene un sabor delicioso.

79. Salsa De Arce Y Fresas

PARA 1½ TAZAS

2 tazas de fresas
½ taza de jarabe de arce o ¼ de taza de jarabe de agave y 2 o 3 dátiles Medjool con
2 cucharadas de agua
Si usa dátiles, colóquelos en un procesador de alimentos y córtelos en trozos pequeños primero.
Coloque las fresas y el jarabe de su elección en un procesador de alimentos y tritúrelos hasta convertirlos en salsa. Si usa dátiles, agregue con el agua y el pulso.
Se mantendrá durante 4 a 5 días en la nevera.

80. compota de bayas

PARA 1½ TAZAS

La compota es fruta en almíbar. Yo uso vino tinto
con fruta fresca, endulzado con sirope de agave.

2 tazas de frambuesas

¼ taza de vino tinto

2 cucharadas de sirope de agave

1 cucharada de ralladura de limón (opcional)

Coloca todos los ingredientes en un procesador de
alimentos. Pulse ligeramente para mezclar.

81. Salsa Nutella Avellana

HACE 1 TAZA

1 taza de avellanas

2 cucharadas de sirope de agave

2 cucharadas de aceite de coco, calentado a temperatura ambiente hasta que esté líquido

1 cucharada de cacao en polvo

2 a 4 cucharadas de agua filtrada, según sea necesario

En un procesador de alimentos, procesa las avellanas hasta que se haya formado una mantequilla, raspando los lados y mezclando esas nueces con la mantequilla que se forma en el fondo. A continuación, agregue el jarabe de agave y el aceite de coco y procese para mezclar bien. Agregue el cacao en polvo y tanta agua como sea necesario para crear la consistencia deseada.

Se mantendrá durante 4 a 5 días en la nevera. También se puede congelar durante unas semanas. Descongele de nuevo a una consistencia de jarabe antes de usar.

82. Salsa De Fudge De Chocolate

HACE 1 TAZA

$\frac{1}{2}$ taza de cacao en polvo
$\frac{3}{4}$ taza de sirope de agave
4 cucharaditas de aceite de oliva virgen extra
Licúa todos los ingredientes y disfruta.
Se mantendrá durante un par de semanas en la nevera.

83. Galletas con chispas de chocolate y bayas de Goji

HACE UNAS 18 GALLETAS

1 receta de masa básica para galletas
1 taza de bayas de goji
½ a 1 taza de chispas de chocolate negro o
semillas de cacao

Mezcle todos los ingredientes en un tazón grande
para mezclar.

Use una cuchara de 2 cucharadas para dividir la
masa en porciones directamente sobre la pantalla
de malla de las bandejas del deshidratador
Excalibur de 14 pulgadas cuadradas.

Deshidrate a 104°F durante 4 a 6 horas, o hasta
obtener la consistencia deseada.

Se mantendrá en la nevera durante una semana.

Se mantendrá en el congelador durante varias
semanas; descongelar durante 10 minutos antes de
comer.

84. Galletas de chispas de chocolate con naranja y arándanos

HACE UNAS 18 GALLETAS

1 receta de masa básica para galletas
1 cucharada de ralladura de naranja o ½
cucharadita de extracto de naranja sin alcohol
1 taza de arándanos secos
1 taza de chispas de chocolate amargo semidulce o
nibs de cacao
Mezcle todos los ingredientes en un tazón grande
para mezclar.
Use una cuchara de 2 cucharadas para dividir la
masa en porciones directamente sobre la pantalla
de malla de las bandejas del deshidratador
Excalibur de 14 pulgadas cuadradas.
Deshidrate a 104°F durante 4 a 6 horas, o hasta
obtener la consistencia deseada.
Se mantendrá en la nevera durante una semana.
Se mantendrá en el congelador durante varias
semanas; descongelar durante 10 minutos antes de
comer.

85. Galletas de chispas de cacao y brownie

HACE 16 GALLETAS

1 receta de masa básica para galletas
1 taza de pasas
½ a 1 taza de semillas de cacao
½ taza de cacao en polvo

Mezcle todos los ingredientes en un tazón grande para mezclar.

Use una cuchara de 2 cucharadas para dividir la masa en porciones directamente sobre las pantallas de malla de las bandejas del deshidratador Excalibur de 14 pulgadas cuadradas.

Deshidrate a 104°F durante 4 a 6 horas, o hasta obtener la consistencia deseada.

Se mantendrá en la nevera durante al menos una semana. Se mantendrá en el congelador durante varias semanas; descongelar durante 10 minutos antes de comer.

86. Galletas Brownie De Nuez

HACE UNAS 18 GALLETAS

1 receta de masa básica para galletas
½ taza de cacao en polvo
1 taza de trozos de nuez
½ taza de pasas

Mezcle la masa básica para galletas y el cacao en polvo. Agregue las nueces y las pasas y mezcle bien.

Use una cuchara de 2 cucharadas para dividir la masa en porciones directamente sobre la pantalla de malla de las bandejas del deshidratador Excalibur de 14 pulgadas cuadradas.

Deshidrate a 104°F durante 4 a 6 horas, o hasta obtener la consistencia deseada.

Se mantendrá en la nevera durante una semana.

Se mantendrá en el congelador durante varias semanas; descongelar durante 10 minutos antes de comer.

87. Galletas de platano y chocolate

HACE 16 GALLETAS

1 receta de masa básica para galletas
¾ taza de plátanos secos picados
1 taza de chispas de chocolate amargo semidulce o nibs de cacao

Mezcle todos los ingredientes en un tazón grande para mezclar.

Use una cuchara de 2 cucharadas para dividir la masa en porciones directamente sobre la pantalla de malla de las bandejas del deshidratador Excalibur de 14 pulgadas cuadradas.

Deshidrate a 104°F durante 4 a 6 horas, o hasta obtener la consistencia deseada.

88. Galletas De Almendra

HACE UNAS 20 GALLETAS

1 taza de sémola de trigo sarraceno seca
2 tazas de harina de almendras
1 cucharada de extracto de almendras
2/3 taza de sirope de agave
1 taza de agua filtrada
20 almendras enteras

Muele el trigo sarraceno hasta convertirlo en polvo y colócalo en un tazón mediano. Puede ser útil moler media taza a la vez. Agregue la harina de almendras, el extracto de almendras, el jarabe de agave y el agua. Mezclar bien.
Use una cuchara de 2 cucharadas para dividir la masa en porciones directamente sobre la pantalla de malla de las bandejas del deshidratador Excalibur de 14 pulgadas cuadradas.
Presione una almendra en la parte superior de cada galleta.
Deshidrate a 104°F durante 4 a 6 horas, o hasta obtener la consistencia deseada.
Se mantendrá en su refrigerador durante una semana. Se mantendrá en el congelador durante varias semanas; descongelar durante 10 minutos antes de comer.

89. macarrones de frutas

HACE UNAS 16 GALLETAS

1½ tazas de fresas enteras, piña cortada en
cubitos, arándanos, plátanos en rodajas,
o tu fruta favorita
3 cucharadas de sirope de agave
2 cucharadas de extracto de vainilla sin alcohol
½ taza de harina de almendras
2 tazas de coco rallado seco

Coloque la fruta, el agave y la vainilla en su
procesador de alimentos. Procese hasta obtener
un puré. Agregue la harina de almendras y el coco,
y pulse para mezclar bien.
Use una cuchara de 2 cucharadas para dividir la
masa en porciones directamente sobre la pantalla
de malla de las bandejas del deshidratador
Excalibur de 14 pulgadas cuadradas.
Presione una almendra en la parte superior de
cada galleta.
Deshidratar a 104°F durante 3 horas, o hasta
obtener la consistencia deseada.

BATIDOS

90. batido verde

Hace 4 tazas

INGREDIENTES:
- 2 tazas de verduras picadas, como lechuga romana, col rizada o col rizada
- 2 tazas de fruta, como plátano en rodajas, mango cortado en cubitos o arándanos
- 2 tazas de agua filtrada, según se desee

INSTRUCCIONES:
a) Coloque todos **LOS INGREDIENTES:** en una licuadora de alta potencia y mezcle hasta que quede suave.

b)   Se puede guardar en el refrigerador hasta por 1 día, pero se disfruta mejor de inmediato.

91. Batido De Piña Y Menta

Marcas: 2

INGREDIENTES: :

- 3 tazas de piña fresca, cortada en cubitos
- 1/4 taza de hojas de menta fresca, sin apretar
- 1/2 taza de agua fría

INSTRUCCIONES:

a) Combine todos **LOS INGREDIENTES:** en una licuadora.

b)   Mezcle hasta que quede suave.

c) Agregue un poco más de agua si su licuadora lo requiere.

d)   Disfruta inmediatamente.

92. Batido de cereza y coco

Marcas: 2

INGREDIENTES:

- 2 tazas de cerezas sin hueso congeladas
- 1 taza de agua de coco
- 1 cucharada de jugo de limón fresco

INSTRUCCIONES:

a)Coloque todos **LOS INGREDIENTES:** en una licuadora y mezcle hasta que quede suave.

b)   Atender

93. Batido de yogur de nuez de mango

Hace: 1

INGREDIENTES:
- 1 mango maduro
- 2 cucharadas de yogur de nuez
- 1/4 cucharadita de canela

INSTRUCCIONES:
a)Coloque el mango en el congelador durante 30 minutos para que se enfríe. Si tiene prisa, puede omitir este paso y agregar 2 cubitos de hielo al batido.

b)   Retire la piel del mango con un pelador de verduras,

c)Corta el mango en trozos medianos, reserva aproximadamente 1 cucharadita de mango para usar más tarde para adornar el batido.

d)   Coloque el mango, el yogur de nuez y 1/4 de cucharadita de canela en una licuadora.

e)Mezcle a temperatura alta durante 2-3 minutos o hasta que la mezcla esté cremosa.

f)Vierta en una taza, cubra con el mango invertido y espolvoree ligeramente con canela.

94. <u>Batido de mandarina tropical</u>

INGREDIENTES: :
- 2 mandarinas peladas y segmentadas
- 1/2 taza de piña
- 1 plátano congelado

INSTRUCCIONES:
a) Mezclar con 1/2 a 1 taza de líquido.
b) Disfrutar

95. Batido de mantequilla de maní y fresas

INGREDIENTES: :

- 1 taza de fresas congeladas
- 1 plátano grande en rodajas
- 1-2 cucharadas de mantequilla de maní cruda

INSTRUCCIONES:

a)Mezclar con 1/2 a 1 taza de líquido.

96. Zanahoria Mango Coco

INGREDIENTES: :

- 1 zanahoria rallada grande
- 1 taza de mango congelado
- 1-2 cucharadas de coco sin azúcar, rallado

INSTRUCCIONES:

a) Mezclar con 1/2 a 1 taza de líquido.

b) Disfrutar

97. jengibre piña colada

INGREDIENTES: :
- 2 tazas de piña congelada
- 1 lima pelada y en rodajas
- Pieza de jengibre de 1/2 pulgada, en rodajas finas

INSTRUCCIONES:
a) Mezclar con 1/2 a 1 taza de líquido.
b) Disfrutar

98. Col rizada de cereza y arándano

INGREDIENTES: :
- 1 taza de col rizada
- 1 taza de cerezas
- 1/2 taza de arándanos

INSTRUCCIONES:

a)Mezclar con 1/2 a 1 taza de líquido.

b)   Disfrutar

99. <u>Frambuesa Plátano Chia</u>

INGREDIENTES: :

- 1 1/2 taza de frambuesas congeladas
- 1 plátano grande en rodajas
- 1 cucharada de semillas de chía

INSTRUCCIONES:

a) Mezclar con 1/2 a 1 taza de líquido.

b) Disfrutar

100. Smoothie bowl de goji, mango y baobab

Rinde 3 tazas.

INGREDIENTES: :
- 2 tazas de agua
- 1 mango
- 1/4 taza de bayas de goji u otra baya
- 5 dátiles, sin hueso y remojados
- 2 cucharaditas de polvo de baobab

INSTRUCCIONES:

e)Mezcle todo a temperatura alta durante unos 30 segundos en una licuadora de alta velocidad o 60 segundos en una licuadora normal.

CONCLUSIÓN

Sobre todo, espero que disfrute de este libro electrónico. Lo diseñé para que sea lo más fácil de usar posible para que pueda pasar menos tiempo en la cocina y más tiempo disfrutando de una excelente comida con amigos o familiares.
¡Feliz des-cocinar!